Salzkuchen

In Partnerschaft mit:

Fritz-Ulrich Aupperle, REWE-Markt Fellbach,
www.rewe-fellbach.de

Bäckerei Werner Maurer GmbH, Winnenden,
www.baecker-maurer.de

Salzkuchen

*„Wenn alle Künste untergehn,
die edle Kochkunst bleibt bestehn."*

Markus Polinski
Andreas Krohberger
Rainer Kwiotek
Richard Lenz

Salzkuchen

Die besten Rezepte für Salz-, Flamm-, Lauch- und Zwiebelkuchen

Mit einer Weinauslese von Fritz-Ulrich Aupperle

edition K | HamppVerlag

Der Salzkuchen – ein schwäbischer Gruß

Von Markus Polinski und Jörg Aschbacher

Einst lockte der Duft von frisch gebackenem Brot die Dorfbewohner zum Backhäusle, wo die Hausfrauen seit den frühen Morgenstunden im Schweiße ihres Angesichtes den gemauerten Ofen mit Reisigbündeln fütterten und die Brote mit langstieligen Schiebern einschossen. Heute verschließen manche Leute ihre Fenster und rufen die Polizei, wenn der Schornstein des von Neubauten umzingelten Backhauses mal wieder erbärmlich qualmt. Die Zeiten ändern sich.

Ein Relikt aus der Zeit der Gemeindebackhäuser ist der Salzkuchen, je nach Herkunft und Belag auch als „Lauchkuchen", „Flammkuchen", „Hitzekuchen", „Blaaz" oder unter anderen lokalspezifischen Namen bekannt. Der Salzkuchen gehört zu jenen typisch schwäbischen Speisen, die sowohl unserem Gaumen schmeicheln wie auch unerwartete Emotionen hervorrufen: Erinnerungen werden wach, an die Oma in der Küche, an einen schönen Herbsttag im Schwäbischen, an den ersten Kuss beim Feuerwehrfest, wenn wir diesen unbeschreiblichen Duft einatmen, mit hochgezogenen Lippen in den knusprigen, heißen Kuchen beißen und Bissen für Bissen mit einem kräftigen Schluck kühlen Weines hinunterspülen.

Die Remstal-Akademie für Essen und Wein hat es sich zum Ziel gesetzt, nicht nur die Fahne für die erfolgreichen Remstäler Weine hochzuhalten, sondern auch regionale Koch- und Backgewohnheiten zu fördern, um althergebrachte Rezepte nicht in Vergessenheit geraten zu lassen. Nun hat sie dem Salzkuchen einen Back-Wettbewerb gewidmet, wie zuvor den fast vergessenen Wurstknöpfle, dem Gaisburger Marsch und den Fleischküchle mit Kartoffelsalat.

In diesem kleinen, aber feinen Koch- und Backbuch stellen wir die Rezepte der Finalisten vor und die „Hausrezepte" des Restaurants „Lamm" in Remshalden-Hebsack, das den Wettbewerb ausgerichtet hat. Es enthält sowohl klassische, seit Generationen überlieferte Rezepte wie auch mutige Versuche, das ehemalige Arme-Leute-Essen, gelegentlich auch als „Schwäbische Pizza" tituliert, mit neuen Akzenten zu versehen.

Ergänzt wird die Sammlung durch Rezepte von Tobias Maurer, in dessen Familie die Liebe zur handwerklichen Backtradition fest verwurzelt ist.

Für eine Auslese passender Weine sorgte der leidenschaftliche Weinfreund Fritz-Ulrich Aupperle, dessen REWE-Märkte im Remstal wiederholt für ihr einzigartiges Wein-Sortiment ausgezeichnet worden sind.

Inhaltsverzeichnis

Genial einfach, typisch schwäbisch

Von Ursula und Lothar Späth

Manchmal, vielleicht zwischen zwei Garküchen an einer Straßenecke in Tokio, vielleicht auf einem Basar am Rande Istanbuls oder in einer der belebten Seitenstraßen der Wall Street, ist es uns schon passiert: Urplötzlich wehte uns ein Duft in die Nase, der mitten in der Fremde eine ganze heimatliche Welt entstehen ließ. Dann blickten wir uns an und wussten sofort, dass wir dasselbe Bild vor Augen hatten: Irgendein kleines schwäbisches Fachwerkdorf. Ein ziegelsteingemauertes Backhaus. Einen rauchenden Schornstein. Ein schwarzes Backblech voll duftender, frischer Salzkuchen.

Natürlich ist das eine Illusion. Es kann unmöglich in Tokio, Istanbul oder Manhattan nach brennenden Krählesbündeln riechen. Der Geruch von Salz-, Zwiebel- oder Lauchkuchen verirrt sich nicht in die Zentren der Weltstädte. Aber es reicht eine leise Ahnung dieses unvergleichlichen Duftes, um uns beide über Tausende von Kilometern hinweg in die Heimat zu versetzen. Eine billige Art zu reisen. Allerdings auch eine, welche die Sehnsucht nicht stillt.

Deshalb nehmen wir uns dann regelmäßig vor, so bald wie möglich wieder auf ein Salzkuchenfest zu gehen und diese schwäbische Spezialität leibhaftig zu verzehren. Zum Beispiel im Remstal, das mit Backhäusern und Salzkuchenfesten reichlich gesegnet ist.

Das Schöne am Salzkuchen und seinen zahlreichen Verwandten ist ja das einfache Rezept: etwas Hefeteig, Sauerrahm, Ei, Mehl, Salz und Kümmel, eine Handvoll Schnittlauch drüber – fertig! Einfach in der Konstruktion, billig in der Herstellung, genial in der Wirkung, erfolgreich in der Akzeptanz: Da finden wir wieder den

Grund, warum schwäbische Produkte in aller Welt Spitzenplätze einnehmen. Der Salzkuchen ist sozusagen das Sinnbild für alle Erfindungen des typischen schwäbischen Tüftlers: Er spart an allem, nur nicht an Geist.

Vertraut ist uns diese schwäbische Edelpizza aber auch durch das Salzkuchenfest des Remshaldener Bäckermeisters Dietmar Schaal. Seit 30 Jahren sammelt der rührige Unternehmer für die „Aktion Multiple Sklerose Erkrankter" (AMSEL) in Baden-Württemberg Spenden und unterstützt unseren AMSEL-Förderkreis und unsere Stiftung. Der gesamte Erlös seines Salzkuchenfestes geht an den Landesverband.

Multiple Sklerose ist eine noch unheilbare Krankheit, die vielen Menschen in den besten Jahren einen brutalen Strich durch ihre Lebensplanung macht. Wir sind froh, dass es so engagierte Menschen wie Dietmar Schaal und seine vielen Helfer gibt. Und immer wieder besuchen wir ihn gerne in der Backstube, wenn er seine leckeren Salzkuchen für diesen guten Zweck backt.

Der Salzkuchen ist ein Kind des Südens

Von Andreas Krohberger

Stellen wir uns einen Backtag vor, vielleicht vor 150 Jahren. Der Kamin des Gemeindebackhauses qualmte, der Ofen strahlte eine enorme Hitze aus, die Backfrauen wischten sich den Schweiß vom Gesicht und der Brotteig lag in kleinen geflochtenen Körbchen bereit. Aber woher wussten die Frauen, ob der Ofen schon die richtige Temperatur hatte? Das Thermometer für Backöfen war noch nicht erfunden. Da schoben die findigen Backfrauen einfach die Glut ein wenig zur Seite, legten mitten hinein ein Stückchen dünn ausgewellten Brotteigs. War der Teig schon in wenigen Minuten knusprig, war es bald an der Zeit, mit langen Schiebern die Brote einzuschießen. Und das Stückchen knusprigen Brotteiges fand reißenden Absatz, vor allem unter den Kindern.

Es dauerte nicht lange, da begann eine der Backfrauen auf den Teig ein bisschen Rahm zu streichen, der sich oben im Milchhafen abgesetzt hatte. Ein wenig Kümmel darüber, wegen der Verdauung. Und Schnittlauch hatte man sowieso immer zur Hand. Ein neues Gebäck war geboren.

So oder so ähnlich muss man sich die Entstehung des Salzkuchens vorstellen. Schriftlich überliefert ist wenig oder nichts. Wer nachforschen will, muss jenen Frauen zuhören, die diese Tradition noch immer pflegen. Denn sicher ist, dass die Geschichte dieses herzhaften Gebäcks so alt ist wie die Geschichte der Gemeindebackhäuser. Ob im Elsass, im Badischen, in der Schweiz oder in Schwaben – überall glühten die Öfen mehrmals die Woche, standen die Hausfrauen Schlange mit ihrem Sauerteig und trafen sich die Menschen zu einem kleinen Schwätzle beim Backhaus. Der Salzkuchen war eine Begleiterscheinung des Brotbackens, er war schnell zubereitet

Kirche

KULTURDENKMAL
Gemeindebackhaus
des unteren Dorfes
Erbaut 1864 / 1865
Gemeindebackhäuser entstanden
aufgrund eines Erlasses von 1835.
Sie dienten sowohl der Holzersparnis wie auch
der Verringerung der Brandgefahr.
1830 gab es in Winterbach
45 private Back– und Waschhäuser.

und wurde noch heiß und knusprig gleich vor Ort verzehrt. Es darf vermutet werden, dass auch ein Viertel Wein sich schon bald dazugesellt hat, denn Salzkuchen und Wein sind wie ein verliebtes Paar, das ungern getrennte Wege geht. Und auch zum Milchkaffee passt ein Salzkuchen hervorragend, schließlich trägt er das Wort „Kuchen" im Namen.

Der Salzkuchen, so wie wir ihn kennen, ist ein Kind des Südens. Wer in Berlin einen Salzkuchen verlangt, bekommt ein Brötchen aus Roggen- und Weizenmehl, das nicht nur mit Bier gemacht, sondern auch zu Bier verspeist wird. Es hat mit unserem Salzkuchen ebenso wenig zu tun wie der Dortmunder Salzkuchen, ein kreisrundes Kümmelbrötchen mit einer Vertiefung für Mettwurst und Zwiebeln. Auch dieses Gebäck passt am besten zu den örtlichen Bierspezialitäten. Und dann entsteht natürlich noch ein Salzkuchen, wenn man Meerwasser im Topf verdunsten lässt: Was zurückbleibt, ist der Salzkuchen. Der wird dann in alle Welt verkauft und vielleicht schließt sich der Kreislauf und ein paar Streusel Salz vom Kuchen finden ihren Weg in unseren Salzkuchen.

Um die Verwirrung komplett zu machen: Auch das, was man im Remstal unter Salzkuchen versteht, hat im Süden je nach Herkunft und Belag einen anderen Namen. Im Schwäbischen hat sich der Name „Salzkuchen" zwar überörtlich durchgesetzt. Doch der Kuchen kann auch „Rahmkuchen", „Blaaz" oder „Dinnete" heißen. Wobei letzterer sowohl aus der oberschwäbischen wie aus der schweizerischen Küche stammen kann. Dort landen auf den Hefeteigböden dann auch Äpfel, Kartoffeln oder Käse. Die Jagstzeller nennen ihn wie viele andere Hitzekuchen, bereiten ihn mit Zwiebeln, Speck, Sahne und vielen Kräutern zu und sind überzeugt, den überhaupt besten dieser Art zu machen. Beim hessischen Salzkuchen wiederum werden Kartoffeln zu Püree verarbeitet, mit gedünsteten Zwiebeln, Mehl, Ei, Sauerrahm, Quark und Öl vermischt und mit Salz, Pfeffer und Muskatnuss gewürzt und es werden Speckwürfel darüber gestreut. Die Stuttgarter nennen den Salzkuchen vor

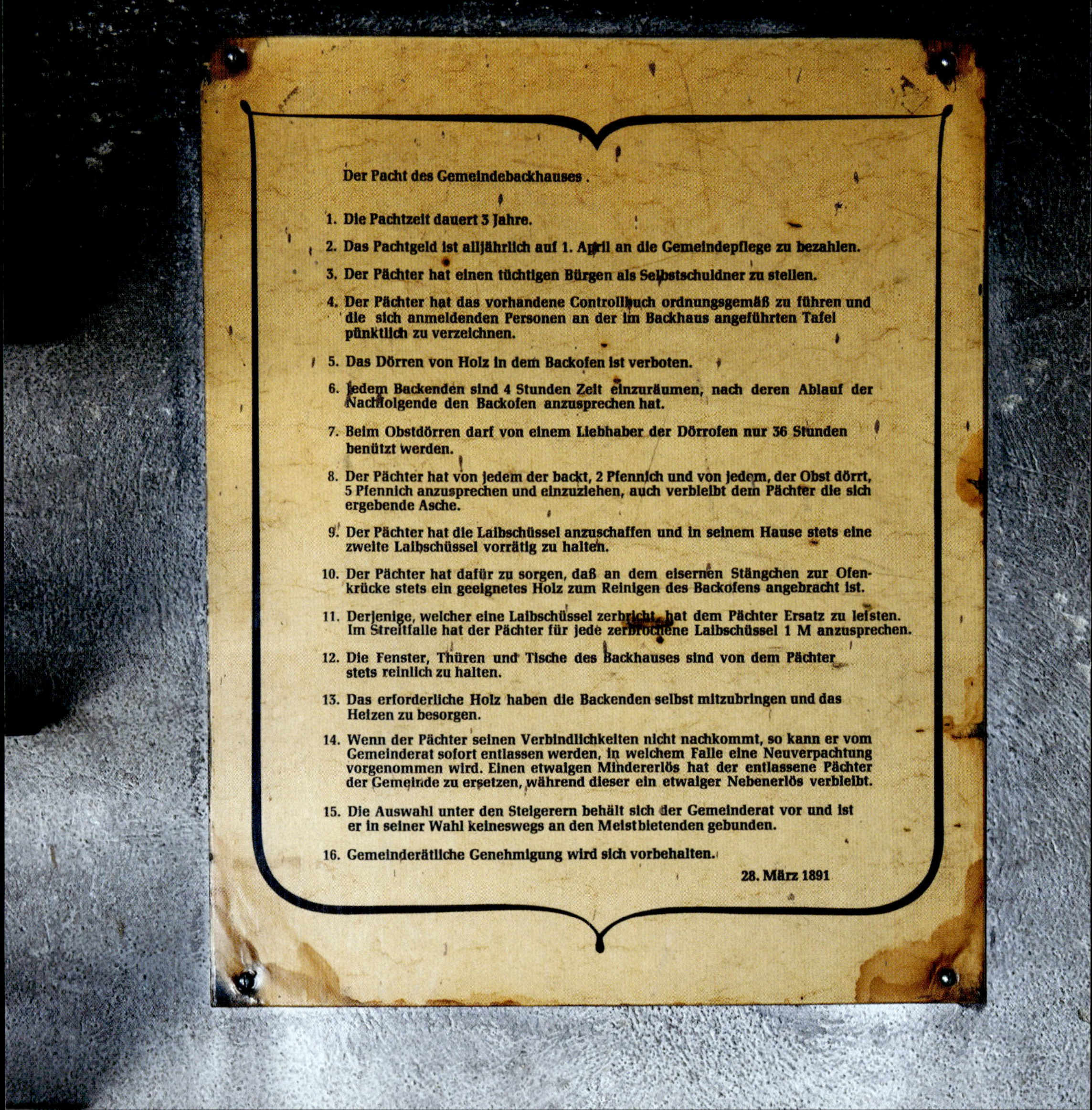
Der Pacht des Gemeindebackhauses.
1. Die Pachtzeit dauert 3 Jahre.
2. Das Pachtgeld ist alljährlich auf 1. April an die Gemeindepflege zu bezahlen.
3. Der Pächter hat einen tüchtigen Bürgen als Selbstschuldner zu stellen.
4. Der Pächter hat das vorhandene Controllbuch ordnungsgemäß zu führen und die sich anmeldenden Personen an der im Backhaus angeführten Tafel pünktlich zu verzeichnen.
5. Das Dörren von Holz in dem Backofen ist verboten.
6. Jedem Backenden sind 4 Stunden Zeit einzuräumen, nach deren Ablauf der Nachfolgende den Backofen anzusprechen hat.
7. Beim Obstdörren darf von einem Liebhaber der Dörrofen nur 36 Stunden benützt werden.
8. Der Pächter hat von jedem der backt, 2 Pfennich und von jedem, der Obst dörrt, 5 Pfennich anzusprechen und einzuziehen, auch verbleibt dem Pächter die sich ergebende Asche.
9. Der Pächter hat die Laibschüssel anzuschaffen und in seinem Hause stets eine zweite Laibschüssel vorrätig zu halten.
10. Der Pächter hat dafür zu sorgen, daß an dem eisernen Stängchen zur Ofenkrücke stets ein geeignetes Holz zum Reinigen des Backofens angebracht ist.
11. Derjenige, welcher eine Laibschüssel zerbricht, hat dem Pächter Ersatz zu leisten. Im Streitfalle hat der Pächter für jede zerbrochene Laibschüssel 1 M anzusprechen.
12. Die Fenster, Thüren und Tische des Backhauses sind von dem Pächter stets reinlich zu halten.
13. Das erforderliche Holz haben die Backenden selbst mitzubringen und das Heizen zu besorgen.
14. Wenn der Pächter seinen Verbindlichkeiten nicht nachkommt, so kann er vom Gemeinderat sofort entlassen werden, in welchem Falle eine Neuverpachtung vorgenommen wird. Einen etwaigen Mindererlös hat der entlassene Pächter der Gemeinde zu ersetzen, während dieser ein etwaiger Nebenerlös verbleibt.
15. Die Auswahl unter den Steigerern behält sich der Gemeinderat vor und ist er in seiner Wahl keineswegs an den Meistbietenden gebunden.
16. Gemeinderätliche Genehmigung wird sich vorbehalten.
28. März 1891

allem auf den Fildern „Deie", die Älbler „Dennetle", die Hohenloher „Blooz", die im Albvorland „Bätscher" oder „Dätscher". Da letztere eine eher ovale Form haben, heißt der Ortskern von Holzmaden übrigens netterweise „Bätscher". In Heilbronn gehört Petersilie auf den Kuchen, weshalb er dort „Peterlingskuchen" heißt. Die Badener lieben den Speck, deshalb nennen sie ihren „Schmeerkuchen" (der seinen Namen vom darüber geschmierten Rahm hat) auch gerne „Speckkuchen". Vor allem, wenn statt des in Baden üblichen weißen Specks eher durchwachsener verwendet wird. Nahe Verwandte mit derselben Entstehungsgeschichte sind aber auch Lauchkuchen, Zwiebelkuchen und Quiche Lorraine (Lothringer Specktorte) mit einem käsebelegten Ableger aus den Vogesen. Der Flammkuchen aus dem nördlichen Elsass trägt seinen Namen, weil die Flammen der Reisigbündel im Ofen noch nicht ausgelodert haben, wenn er eingeschossen wird. Belegt mit Zwiebeln und Speck wird er hauchdünn, heiß und knusprig auf einem großen Schneidebrett serviert. Die Schwaben sind wie immer recht karg, was den Belag angeht: Einfach und bodenständig wie sie sind, reichen ihnen im Allgemeinen Sauerrahm, Ei, Mehl, Salz, Kümmel und Schnittlauch.

Es gibt noch viele Namen und regionale Besonderheiten. Allen gemeinsam ist aber ihre dörfliche Herkunft und die einfache und schnelle Art der Zubereitung. Und da der schwäbisch-alemannische Flickenteppich die regionalen Unterschiede liebt, schwört natürlich auch jeder auf seine Art des Salzkuchens. So wie Mutters Maultaschen die besten sind und mancher vorgibt, für die Wurstknöpfle oder den Gaisburger Marsch der Oma zu sterben bereit zu sein. Wahrscheinlich ist es so: Was man in der Kindheit gegessen hat, prägt einen das liebe Leben lang.

Die Jahreszeiten der Salzkuchen sind Spätsommer und Herbst. Dann werden überall die alten Backhäuser wieder angeheizt und die Salzkuchenfeste beworben. Passend zur Jahreszeit spült man den Kuchen mit einem Becher räsen Apfel- oder Birnenmostes herunter oder mit einem Henkelglas voll neuem Wein, der freilich gerne auch schon ein bisschen bizzeln darf. Nicht vergessen werden darf auch, dass ein Salzkuchen ganz ordentlich sättigt. In der sparsamen schwäbischen Küche war er deshalb am Backtag, wenn die Hausfrau wenig Zeit hatte, auch oft der Ersatz für das Mittag- oder Abendessen. Zuvor gab es dann beispielsweise eine Kartoffelsuppe. Man sieht: Der praktische Nutzen ging mit dem Genuss eine glückliche Verbindung ein.

Schade, dass mit dem Sterben der Backhäuser auch der originale, mit der schnellen Hitze aus gut getrockneten Rebholzbündeln gebackene und nach glühendem Holz riechende Salzkuchen seinem Ende entgegensieht. Aber vielleicht ist das gar nicht so. Totgeglaubte leben ja bekanntlich länger. Allerorten entstehen in den letzten Jahren Backhausfestle. Tatsächlich ist der Salzkuchen im gesamten schwäbisch-alemannischen Sprachraum so beliebt, dass er gar niemals sterben kann! Und notfalls tut es auch der Backofen zu Hause.

„Der Salzkuchen ist sozusagen das Sinnbild für alle Erfindungen des typischen schwäbischen Tüftlers: Er spart an allem, nur nicht an Geist."

Ursula und Lothar Späth

„Der Geschmack der Kindheit ist es, den wir nie vergessen werden. Das selbstgebackene Brot roch traumhaft, und es schmeckte unvergleichlich.“

Markus Polinski

Oma Ruths Salzkuchen

von Ruth Polinski

Rezept für 1 Kuchen

Für den Teig:

200 g Mehl
1 Prise Salz
¼ Würfel Hefe
ca. 100 ml lauwarme Milch
50 g Butter

Für den Belag:

200 g saure Sahne
200 g süße Sahne
2 Eier
1 TL Salz
1 schwach gehäufter EL Mehl
Schnittlauch oder Kümmel
Butterflöckchen oder Griebenschmalz

Mehl und Salz in eine Schüssel geben. In die Mitte des Mehls eine Vertiefung drücken. Die Hefe in der lauwarmen Milch auflösen und die Mischung in die Vertiefung gießen. Butterflöckchen auf den Mehlrand geben und anschließend alles zu einem geschmeidigen Hefeteig verkneten. Mit einem Tuch abdecken und an einem warmen Ort ca. 30 Minuten gehen lassen. Danach nochmals gut durchkneten. Ein Backblech fetten und mit etwas Mehl bestäuben. Den Teig dünn und gleichmäßig darauf ausrollen.

Für den Belag süße und saure Sahne, Eier, Salz und Mehl in einer Schüssel gut verrühren. Gehackten Schnittlauch oder Kümmel zugeben. Diese Mischung auf den Teigboden streichen. Zum Schluss Butterflöckchen oder Griebenschmalz darüber streuen. Im vorgeheizten Backofen bei 200 °C ca. 30 Minuten backen.

Weinempfehlung

Macht glücklich: der „Felix" Lemberger von Rainer Wachstetter aus Pfaffenhofen.

Ruth Polinski

„Mein Vater sagte immer zu mir: ‚Man darf nie sagen, das kann ich nicht, bevor man es nicht wirklich ausprobiert hat.'"

Das kleine Mädchen, das vor 60 Jahren in der Winterbacher Hauptstraße mühsam einen Leiterwagen hinter sich herzog, hieß Ruth. Sorgsam umfuhr sie die tiefen Schlaglöcher, damit von den runden, bemehlten Teiglingen keiner auf die Straße rutschte. Sie war auf dem Weg zum Gemeindebackhaus. „Schon von klein auf", erzählt Ruth Polinski, „bin ich in die Backhausgemeinschaft hineingewachsen." Dort lernte sie, wie man Reisigbündel bindet, wann man Brot einschießt, wann der Salzkuchen fertig ist. Im Sommer dufteten Hefekranz und Flachswickel, im Winter Schnitzbrot und Gutsle. Und noch heute ist Ruth Polinski lieber Bäckerin als Köchin. Aber können musste sie alles, damals, als sie mithalf, die Großfamilie, das Baugeschäft und die kleine Landwirtschaft zu versorgen. Hühner misten, die Kuh melken, später den 7,5-Tonner fahren. „Du bisch mei Mädele für alles", sagte der Vater zu ihr. Gab ihr Nadel und Faden und wies sie an, ihm ein Hemd zu nähen.

Flammkuchen von Markus Polinski

Rezept für 1 Kuchen
Für den Teig:
300 g Mehl
20 g Hefe
125 ml warmes Wasser
1 Prise Salz
80 ml Olivenöl

Für den Belag:
200 g Sauerrahm
1 Ei
1 Prise Salz
1 Prise Pfeffer
1 Prise Muskatnuss
1 Zwiebel in feinen Ringen
100 g Bauch, fein gewürfelt
100 g Emmentaler, geriebener

Das Mehl in eine Schüssel sieben. Die Hefe dazugeben und mit warmem Wasser vermengen. Alles gut verkneten. Salz und Olivenöl einarbeiten. Den Teig mit einem Tuch abdecken und 1,5 Stunden an einen warmen Ort stellen. Den Hefeteig danach ganz dünn und rund ausrollen. Auf ein geöltes, flaches Blech legen.

Für den Belag den Sauerrahm mit Ei, Salz, Pfeffer und Muskatnuss verrühren und auf dem Boden gleichmäßig verteilen. Zwiebelringe, feine Speckwürfel und geriebenen Emmentaler darüber geben. Den Flammkuchen im vorgeheizten Backofen bei 260 °C (Umluft) etwa 10 Minuten backen, bis er goldbraun ist.

Weinempfehlung
Der Untertürkheimer Gips Riesling** mit seinem zarten Duft und seinen vielfältigen Aromen aus dem herausragenden Weingut Gerhard Aldinger in Fellbach ist ein wunderbarer Begleiter dieses Flammkuchens aus der Küche des Lamm-Patrons.

Zwiebelkuchen von Markus Polinski

Rezept für 1 Kuchen

Für den Teig:

500 g Mehl
125 ml Milch
30 g Hefe
2 Eier
100 g Butter
1 Prise Salz

Für den Belag:

2 kg Zwiebeln
50 g Speck
Öl
1 Prise Salz
1 Prise Kümmel
40 g Mehl
250 ml saure Sahne
4 Eier

Mehl in eine Schüssel sieben. Die Milch etwas erwärmen und die Hefe darin auflösen. Diese Mischung zum Mehl geben.
2 Eier, Butter und Salz hinzufügen und alles gut verkneten. An einem warmen Platz zugedeckt ca. 1,5 Stunden gehen lassen.

Die Zwiebeln schälen, würfeln und zusammen mit dem Speck in etwas Öl glasig dämpfen. Salz und Kümmel beimischen.
In eine Schüssel geben und das Mehl sowie mit den Eiern vermischte saure Sahne unterheben.

Den Hefeteig ausrollen, dann auf ein rundes, gefettetes Backblech legen. Die Zwiebelmasse auf dem Teigboden verteilen. Im vorgeheizten Backofen bei 200 °C (Umluft) etwa 45 Minuten goldbraun backen.

Weinempfehlung

Gibt es wirklich eine Fusion von Zwiebelkuchen und Wein? Wenn ja, dann mit der Rotwein-Cuvée „Fusion" von Wolfgang Klopfer aus Großheppach.

Tour de
SWR4

Der Salzkuchen hilft AMSEL helfen

Von Andreas Krohberger

Dass Salzkuchen nicht nur schmeckt, sondern auch Gutes bewirken kann, beweist seit 1982 der Remshaldener Bäckermeister Dietmar Schaal. Seine Backstube im Teilort Geradstetten haben in den vergangenen 30 Jahren über 50.000 Salzkuchenstücke verlassen. Direkt aus dem Ofen wandern sie noch knusprig und duftend über die Straße aufs benachbarte Salzkuchenfest. Und zaubern dort – zusammen mit einem Viertele guten Remstalweines – nicht nur den Gästen ein zufriedenes Lächeln ins Gesicht, sondern bringen auch die Kasse der „Aktion Multiple Sklerose Erkrankter" (AMSEL) zum Klingeln.

Nicht selten sieht man dann die Ehefrau des ehemaligen baden-württembergischen Ministerpräsidenten Lothar Späth im Getümmel tatkräftig Hand anlegen. Dietmar Schaal und Ursula Späth: Dieser glücklichen Verbindung hat die Hilfsorganisation AMSEL bis Herbst 2011 genau 283.000 Euro an Spendengeldern zu verdanken. Eine stattliche Summe, die den von dieser tückischen Krankheit geplagten Menschen das Leben ein kleines bisschen einfacher machen kann.

Kennen gelernt hatte der Bäcker die Politikergattin in seiner Backstube: Anlässlich einer Benefizaktion hatte sie ihn im Remstal besucht. 1982 erreichte Lothar Späth für die regierende CDU satte 48 Prozent. Bei der Wahlparty im Landtag traf Dietmar Schaal wieder auf Ursula Späth. „Wie wär's", fragte er, „machen wir mal wieder was für einen guten Zweck?" „Ja", antwortete sie, „aber nur für AMSEL." „Was isch denn des?", fragte der Bäckermeister verdutzt.

Heute kennt er sich bestens aus – mit der Krankheit und mit AMSEL. Er beschloss, den Erlös eines Salzkuchenfestes der Hilfsorganisation zur Verfügung zu stellen, deren Schirmherrin bis heute Ursula Späth ist. Warum Salzkuchen? „Der ging schon bei mir im Laden immer gut und eignet sich prima für Feste", weiß Dietmar Schaal. Inzwischen ist das AMSEL-Fest wegen der leckeren Kuchen, der schönen Atmosphäre, der wertvollen Tombola-Preise und der vielen Prominenz legendär.

Dietmar Schaal hat das Sammeln von Spendengeldern zu seiner Herzensangelegenheit gemacht. Er verfolgt es mit der ihm eigenen Zähigkeit. Über die Jahre hat er so einen riesigen Bekanntenkreis aufgebaut, den er regelmäßig heimsucht. „Dann gang i bettla", schmunzelt er. Und keiner kann seiner gleichermaßen charmanten wie beharrlichen Art widerstehen. Jede Gelegenheit nutzt der Bäckermeister, um für seine Sache zu werben. Er scheut auch nicht davor zurück, dem einen oder anderen mal richtig auf die Nerven zu gehen. Irgendwann lachen sie dann doch und zücken ihr Scheckbuch. „Dietmar, du bisch a hervorragender Netzwerker", hatte Lothar Späth beim traditionellen Empfang in der Backstube einmal zu ihm gesagt. Etwa 70 bis 80 Prozent der jährlichen Spendensumme kommen so durch Firmen- oder Privatspenden zusammen.

Der Rest wird durch das Salzkuchenfest erzielt, das jeden Herbst in der Glockengasse bei der Alten Kelter in Geradstetten stattfindet. Unterstützt von zahllosen Helfern, vom DRK Ortsverband und von der Gemeindeverwaltung. „Ohne das Fest würde ich auch keine Spenden bekommen", ist sich Dietmar Schaal sicher. Und so wirbelt er, knüpft Beziehungen, bettelt, tut das ganze Jahr „wie a Rädle" und lädt Promis aller Couleur zum Fest ein, um den Verkauf anzukurbeln. Beim Salzkuchenfest sitzen dann die Minister neben den Hausfrauen, die VfB-Profis servieren den Freizeitkickern Salzkuchen, berühmte Schauspieler geben Autogramme und der Ministerpräsident schenkt dem Genossenschafts-Winzer auf der Bank neben ihm ein (natürlich gespendetes) Viertele ein. Alle fühlen sich hier als Familie, eine Familie, die neben dem wichtigsten Ziel, der Hilfe für AMSEL, auch das Feiern nicht vergisst.

„Ich mache das, solange es geht. Ich kann doch mein eigenes Kind nicht sterben lassen. Nur wenn man sich auch im Alter noch Ziele setzt, hat man ein erfülltes Leben!"

Dietmar Schaal

Das Salzkuchen-Grundrezept von Dietmar Schaal

Rezept für 1 Kuchen (ø 32 cm):
500 g fetthaltiger Hefeteig, am besten Brezelteig
250 ml Sahne
250 ml fettarme Milch
1 EL Mehl
2 Eier
Schnittlauch
Kümmel
Salz

Dietmar Schaals Salzkuchen-Grundrezept stammt von seinem Großvater und wurde von ihm verfeinert.

Den Hefeteig auf dem Backblech (ø 32 cm) ausrollen und mehrmals mit einer Gabel einstechen.

Für den Belag Sahne, Milch, Mehl, Eier, Schnittlauchröllchen und Kümmel miteinander verrühren. Mit Salz würzen. Dietmar Schaal empfiehlt, niemals zu viele Eier für den Belag zu verwenden. Die Masse auf dem Teigboden verteilen.

Den Salzkuchen im Umwälzofen bei 220 °C nicht länger als 25 Minuten backen.

Weinempfehlung

Einfach perfekt dazu: Die Weißwein-Cuvée WEISS von Jochen Beurer in Kernen. Ich bin ein leidenschaftlicher Freund der Tradition und der Region. Deshalb freue ich mich, dass der Salzkuchen bei uns nach überlieferten Rezepten gebacken wird. Auch Jochen Beurer greift auf das Wissen seiner Vorfahren zurück und baut charakterstarke Weine aus, die nicht nur meinen Geschmack, sondern auch meine tiefe Überzeugung stärken.

Isolde Doll

„Das Brot, das wir regelmäßig im Winterbacher Backhäusle backen, schmeckt einfach wunderbar. Wie das schon duftet!"

Wer, wie Isolde Doll, mit fünf Geschwistern aufwächst, lernt ganz nebenbei auch kochen und backen. Schon als kleines Mädchen musste sie im Gemüsegarten und in der Küche mithelfen. Auch das Mehl wurde selbst hergestellt und die Brote im Gemeindebackhaus gebacken. Zusammen mit ihren Schwestern und Schwägerinnen gehört Isolde Doll noch immer zur Winterbacher Backhausgemeinschaft. Ihre Brote finden reißenden Absatz. Salzkuchen, den sie heute lieber im eigenen Backofen backt, gibt es oft als Abendessen oder zu einem Glas Wein. Täglich verwöhnt sie ihren Mann mit einem warmen Essen, und wenn die Familie einmal die Woche zum Essen kommt, ist Selbermachen angesagt – egal, ob es Maultaschen gibt, Spätzle oder Kartoffelpüree. Isolde Doll ist in der Nachbarschaftshilfe tätig. Sie bekommt dabei viele Rezepte von älteren Frauen. „Was die noch alles konnten", staunt sie und bedauert, dass mit den alten Leuten auch so viel an Wissen verloren geht.

Lauchkuchen von Isolde Doll

Rezept für 1 Kuchen (ø 28 cm)
Für den Teig:
250 g Mehl
10 g Hefe
125 ml Milch
1 TL Salz
50 g Fett

Für den Belag:
300–400 g Lauch
100 g gerauchter Bauch
200 g Sahne
200 ml Milch
100 g Reibekäse
50 g Mehl
3 Eier
Salz, Pfeffer, Muskat, Paprika

Aus den angegebenen Zutaten den gesalzenen Hefeteig herstellen und gehen lassen.

Für den Belag den Lauch waschen, putzen und in feine Ringe schneiden. Den Bauch fein würfeln. Lauch und Bauch andämpfen. Dann alle Zutaten für den Belag miteinander vermischen.

Den Teig auf einem gefetteten Backblech (ø 28 cm) ausrollen und den Belag darauf geben. Im vorgeheizten Backofen bei 200 °C 30–40 Minuten backen.

Weinempfehlung

Rainer Schnaitmanns Spätburgunder „Junge Reben" möchte ich gerne zu diesem Lauchkuchen empfehlen. Ich teile die innige Liebe zum Spätburgunder mit Rainer Schnaitmann, dem immer wieder neu die Kunst gelingt, die Eleganz und Würzigkeit dieser Traube perfekt herauszuarbeiten – nicht nur zu unserer beiden großen Freude.

Hartmut Götz

„In den meisten Küchen wird das Backen genauso stiefkindlich behandelt wie die Patisserie. Schade: Es eröffnet so viele Möglichkeiten!"

Kochen und Backen ist für Hartmut Götz nicht einfach nur die Zubereitung von Nahrung: Es ist eine Lebenseinstellung, ja sogar eine Philosophie. Vor zehn Jahren hat Hartmut Götz die Küche für sich entdeckt und sammelt hier Erfahrungen wie andere Briefmarken. Zwar gibt es auch im Haushalt dieser Familie einfache, schmackhafte Speisen. Aber die Leidenschaft von Hartmut Götz gilt dem Ausprobieren von Neuem, dem Experimentieren, der schöpferischen Küchenarbeit. „Kochen ist einfach etwas Tolles", sagt der Remshaldener, „vor allem, wenn man Gäste hat, die die Kochkunst zu schätzen wissen!" Gäste, die ahnen, wie viel Zeit der Hausherr in der Küche verbracht hat, um ein ganzes Menü auftischen zu können. Gäste, die sich wie er viel Zeit beim Essen nehmen. „Genuss braucht Zeit", sagt Hartmut Götz, „es reicht nicht, kurz zu probieren. Man muss sich in aller Ruhe hinsetzen, das Essen wahrnehmen und dazwischen immer wieder einen Schluck guten Weines trinken!"

Schwäbischer Lauchkuchen von Hartmut Götz

Rezept für 1 Kuchen (ø 24 cm)
Für den Teig:
200 g Mehl
100 g Butter
1 Ei
1 Prise Salz

Für den Belag:
500 g Lauch
200 g durchwachsener Räucherspeck
1 EL Öl
300 g Schinkenwurst in Scheiben
3 Eier
250 ml saure Sahne
1 TL gehackte Petersilie
Salz, schwarzer Pfeffer aus der Mühle

Das Mehl in eine Schüssel geben und in der Mitte eine Mulde eindrücken. Die weiche Butter in groben Stücken hineinlegen, außerdem das Ei und Salz. Die Butter mit den Fingern zerdrücken und mit Ei und Salz verkneten. Dann das Mehl nach und nach unterarbeiten. Ein Brett mit Mehl bestreuen und die Masse darauf mit einem großen Messer krümelig hacken. Anschließend mit den Händen zu einem glatten Teig verkneten. Zu einer Kugel formen, in Folie wickeln und im Kühlschrank mindestens 1 Stunde ruhen lassen.

Für den Belag den Lauch waschen und in Ringe schneiden. Den Speck würfeln und in Öl glasig braten. Die Lauchringe zugeben und unter Rühren etwa 2 Minuten andünsten. Mit Salz und Pfeffer würzen. Abkühlen lassen.

Den Teig auf einer bemehlten Arbeitsfläche gleichmäßig 3 mm dünn ausrollen.

Eine feuerfeste Form (ø 24 cm) damit auslegen. Den Teigboden mit einer Gabel mehrmals einstechen, damit er beim Backen keine Blasen wirft.

Die in Scheiben geschnittene Schinkenwurst auf dem Boden auslegen und die Lauch-Speck-Mischung darauf verteilen. Die Eier mit saurer Sahne, Petersilie, etwas Salz und Pfeffer verquirlen. Diese Mischung über den Kuchen gießen. Im vorgeheizten Backofen bei 200 °C auf der mittleren Schiene 35–40 Minuten backen. Heiß servieren.

Weinempfehlung

Welcher sonst als dieser schwäbische Lemberger, der Gutswein von Sven Ellwanger aus Großheppach mit seinem eleganten Charakter? Keiner.

Tanja Härtelt

„Am Wochenende sitzt dreimal am Tag die ganze Familie um den Esstisch. Das gemeinsame Essen ist uns ganz, ganz wichtig."

Als 16-Jährige hat Tanja Härtelt oft ihre Mutter verflucht: Wenn die Freundinnen ausgingen, musste sie in der Küche stehen. Denn es gab eine Abmachung. In einer Woche kochten die Eltern und die Kinder mussten die Küche sauber machen. In der nächsten Woche war es umgekehrt. Was ihr damals ungerecht erschien, sieht sie heute als Vorteil: Sie hat richtig gut kochen gelernt. Das kommt jetzt der Familie zugute, denn bei Härtelts wird jeden Tag gekocht. Übrigens auch von den Kindern, denn die werden genauso erzogen wie sie. Die große Liebe von Tanja Härtelt gilt allerdings dem Backen. Bei Schwarzwälder Kirsch- oder Schokoladentorte kann sie ihrer Kreativität freien Lauf lassen und zaubert jeden Sonntag für die Familie, für Freunde und Bekannte reich verzierte Kuchen und Torten. Kein Wunder, dass sie schon mehrere Back- und Kochwettbewerbe gewonnen hat und sogar mal für ein Plätzlesrezept auf dem Cover einer Zeitschrift landete.

Salzkuchen von Tanja Härtelt

Rezept für 6 Fladen

Für den Teig:

1 kg Weizenmehl Type 405, feingriffig
1½ Würfel frische Hefe
500 ml lauwarme Milch
200 g Schweineschmalz, zerlassen
Salz

Für den Belag:

ca. 600 g Schmand
3 Eier, 3 EL Mehl
(1 Ei und 1 EL Mehl pro 200 g Schmand)
Salz
gerauchter Speck oder Grieben
Lauchzwiebelgrün
Zwiebeln
Kümmel nach Belieben

Den Hefeteig aus den angegebenen Zutaten herstellen und gehen lassen. Aus dem Teig 6 Fladen à 280 g Teig formen.

Schmand mit Ei, Mehl und Salz verrühren. Die Fladen großzügig damit bestreichen und jeweils eine gute Handvoll Speckwürfel oder Grieben darüber geben, außerdem etwas fein geschnittenes Lauchzwiebelgrün und Zwiebelwürfel. Die Fladen im vorgeheizten Backofen bei 200 °C (Umluft) ca. 10 Minuten backen.

Weinempfehlung

Der Blanc de Noir von Werner Kuhnle aus Strümpfelbach vermag mit seiner jugendlichen Leichtigkeit die Zunge zu verführen – ehrlich.

Hildegard Koppitz

„Mein Wahlspruch ist ‚Tue recht und scheue niemanden'. Ich habe es mal im Radio gehört, immer danach gelebt und bin gut damit gefahren."

Alles, was Hildegard Koppitz tut, macht sie aus Freude. So auch lecker und gesund kochen und backen. Beigebracht hat sich Hildegard Koppitz alles selbst, nachdem sie in einer Metzgerlehre die Grundlagen erhalten hatte. Ihr Motto beim Kochen und Backen lautet schlicht: „Einfach und gut." So hat sie auch bei ihrem Salzkuchenrezept auf jedes „Zuviel" verzichtet. „Denn ein Salzkuchen", sagt sie, „ist ein einfaches Gericht, das man nicht überstrapazieren sollte." Im Prinzip sage einem der Körper sowieso immer, was ihm gut tut: „Man braucht nur auf ihn zu hören, dann isst man das Richtige!" Ihr Leben bereichert sie mit zahllosen „lustigen" Ideen: Entwürfe für ein Einwickelpapier mit den Motiven ihrer Heimatstadt Schorndorf, den Prototyp einer Streichholzschachtel mit dem Kirchturm drauf und vieles mehr. „Ich habe noch niemanden gefunden, der diese Ideen realisieren will", sagt sie, „aber das macht nichts, dann mache ich es eben für mich selber. Weil ich Freude daran habe!"

Schwäbische Pizza von Hildegard Koppitz

Rezept für 4 Fladen

Für den Teig:

350 g Mehl Type 405
150 g Mehl Type 1050
250 ml lauwarmes Wasser
1 Würfel Hefe
50 g Öl
etwas Salz

Für den Belag:

150 g saure Sahne
1 EL Mehl
Salz
wahlweise:

- durchwachsene Speckwürfel
- dünne Apfelscheiben
- Zwiebelringe
- Lauchstreifen
- verquirlte Eier
- Kümmel

Das gesiebte Mehl in eine Schüssel geben. Die in lauwarmem Wasser aufgelöste Hefe sowie Öl und Salz hinzufügen. Mit einem Holzlöffel (oder in der Küchenmaschine) zu einem glatten Teig verarbeiten und gehen lassen. Den Teig danach vierteln und zu 5 mm dünnen runden Fladen auswellen. Auf ein bemehltes Backblech legen.

Für den Belag saure Sahne, Mehl und Salz miteinander verrühren. Auf den Teigboden streichen und je nach Wunsch mit einer der genannten Zutaten belegen.

Im vorgeheizten Backofen bei 220 °C 12–15 Minuten backen. Heiß aufschneiden und gleich servieren.

Weinempfehlung

Der Acolon, der Württemberger Neuling, aus der Remstalkellerei vermählt sich mit der beliebten Pizza aus schwäbischer Hand.

Regina Munder

„Eigentlich bin ich die typische Nicht-Hausfrau. Aber ich koche und backe sehr gerne und ich habe ein ausgeprägtes Gespür für Gewürze."

Die blühende Wiese hinter dem Haus, der Bienenstand unterm Kirschbaum, die schlafende Katze auf dem Stuhl: „Kaum wohne ich wieder auf dem Land, schon ist mein Bauern-Gen erwacht", sagt Regina Munder. Mit ihrem Mann hat sie im ländlichen Rohrbronn ein Haus gebaut und plötzlich wieder Lust bekommen, etwas mit eigenen Händen zu machen. Der erste Versuch im Backhaus misslang, doch schon bald gründete sie mit anderen jüngeren Frauen eine eigene Backgruppe. Die Lust am Kochen und Backen ist das Erbe ihres aus Schlesien stammenden Vaters: „Er hat mir gezeigt, auf was ich achten muss." Nun ist Regina Munder zu ihren Wurzeln zurückgekehrt und läutet regelmäßig die Backhaus-Glocke. Der Duft des Gebäcks lockt die Nachbarn an, sie bringen Wein mit, setzten sich aufs Bänkle und erzählen. „So habe ich die Leute kennen gelernt." Und so bekam sie auch von Ruth Dilger ein altes Familienrezept für einen habhaften, goldgelben Salzkuchen mit knusprigem Boden.

Rohrbronner Salzkuchen nach einem Rezept von Ruth Dilger

Rezept für 1 Kuchen (ø 28 cm)
Für den Teig:
200 g Mehl Type 405
90 g Butter
100 ml Milch (3,8 % Fett)
10 g Hefe (¼ Würfel)
1 Prise Zucker
½ TL Salz

Für den Belag:
3 Eier
200 g saure Sahne
100 g süße Sahne
½ TL Salz
frischer Schnittlauch, Kümmelkörner

Für den Teig das Mehl in eine Schüssel geben. Die Butter rechtzeitig aus dem Kühlschrank nehmen, damit sie nicht zu kalt ist. Die Milch etwas erwärmen – nicht zu heiß werden lassen. Die Hefe und den Zucker in der lauwarmen Milch mit einem Schneebesen auflösen. In das Mehl eine Vertiefung drücken, auf dem Rand die weiche Butter in Stückchen verteilen und in die Vertiefung die Hefe-Milch-Mischung gießen. Mit einer Küchenmaschine oder von Hand kneten. Dann zugedeckt gehen lassen.

Für den Belag die Eier, süße und saure Sahne und Salz verquirlen. Die Form mit Butter einfetten. Den Teig auswellen und in die Form legen. Mit einer Gabel Löcher in den Boden stechen. Den Belag auf dem Teig verteilen. Mit Schnittlauchröllchen und Kümmel bestreuen. Im vorgeheizten Backofen bei 220 °C 25–30 Minuten backen.

Weinempfehlung

Der grandiose Justinus K von Hans Haidle aus Stetten beflügelt Herz und Sinne, so wie der Dichter Justinus Kerner es bis heute noch vermag.

Gitte Strobach

„Schade, dass moderne Küchen so klein sind. Denn gemeinsam kochen macht richtig Spaß und etwas Hilfe ist ja auch nicht zu verachten."

In der Zeit, als Gitte Strobach kochen gelernt hat, war Hunger noch der beste Koch. Was für ein Glück, dass sie bei der Oma aufwuchs, die auch aus einfachsten Zutaten ein gutes Gericht bereiten konnte. „Morgens um 6 Uhr stand sie auf", erzählt die Heidelbergerin, „und ging in die Kastanien. Und mittags gab es dann ein wunderbares Kastaniengemüse!" So lernte sie die schwäbische Küche in all ihren Variationen zuzubereiten. An Weihnachten ging es mit dem Backblech zum Bäcker, der die Gutsle drei Häuser weiter in den Backofen schob. „Der hat mich gemocht, deshalb habe ich immer ein Weckle extra bekommen!" Heute profitiert ihre Familie von ihren Kochkünsten. Legendär sind ihre Krautrouladen, ihre Dampfnudeln, ihr Käsekuchen. Und wenn der Sohn mal wieder vorbeikommt, bestellt er vorher Maultaschen mit Kartoffelsalat – natürlich selbst gemacht. Dann steht sie zusammen mit ihrem Mann in der Küche, der ebenfalls ein begabter Koch ist: Harmonie am Herd!

Gittes Salzkuchen von Gitte Strobach

Rezept für 1 Backblech

Für den Teig:

300 g Mehl Type 550
100 g Butter
1 TL Salz
1 TL Zucker
½ Würfel Hefe
150 ml lauwarme Milch

Für den Belag:

2 Eier
400 g saure Sahne
200 g süße Sahne
1½ TL Kümmel
(ohne Fett trocken geröstet)
Schnittlauch und Bärlauch
Salz, Pfeffer und Muskat aus der Mühle
Butterflöckchen

Den Hefeteig herstellen und gut 1 Stunde gehen lassen. Den Teig danach auf einem Backblech ausrollen und nochmals 15 Minuten gehen lassen. Mehrfach mit einer Gabel einstechen, um Blasen zu vermeiden.

Für den Belag die Eier und die Sahne gut verquirlen. Dann den gerösteten Kümmel sowie feingeschnittenen Schnittlauch und Bärlauch untermischen. Mit Salz, Pfeffer und Muskat abschmecken. Diesen Guss auf dem Teigboden verteilen und mit Butterflöckchen verzieren.

Den Salzkuchen im vorgheizten Backofen bei gut 200 °C etwa 30 Minuten backen, bis er leicht gebräunt ist.

Weinempfehlung

Mir gefällt diese heimisch-württembergische Rebe im hellen Gewande: der Lemberger Rosé der Fellbacher Weingärtner.

Ekkehard Trautwein

„Meine Mutter sagte einmal zu mir: ‚Guck, da sind die Schwaben, die haben das Geld. Und da sind die Badener, die haben die Kultur!'"

Den oben genannten Satz hörte Ekkehard Trautwein von seiner Mutter, als beide auf einer Anhöhe bei Pforzheim standen und das Land in beide Richtungen überblickten. Doch der Badener zitiert seine Mutter mit einem Augenzwinkern, denn längst hat er seinen Frieden mit den Schwaben gemacht. Mit viel Freude engagiert er sich in seiner Wahlheimat Remshalden im politischen wie im sozialen Bereich, und dabei kommen ihm seine umfangreichen gastronomischen Kenntnisse nicht selten zugute. Der gelernte Bäcker und Konditor hat Ernährungslehre studiert und viel in der Gastronomie gearbeitet. Als Berufsschullehrer war er für seine Schüler eine nie versiegende Quelle an Informationen. Und vor allem ist Ekkehard Trautwein ein Erzähler, ein Mann mit einem bunten Erfahrungsschatz. Seine Salzkuchen, die er auf die badische Art mit Speck zubereitet, haben schon so manchen Euro in die Kasse des von ihm mitgegründeten Hilfsvereins gespült, der Familien in Not unterstützt.

Badischer Zwiebel- und Griebenkuchen

von Ekkehard Trautwein

Rezept für 1 Kuchen (40 x 35 cm)
Für den Teig:
500 g Brotteig (Weizenmischbrot)
150 g Butter

Für den Belag:
200 g Milch
20 g Mondamin
100 g Quark
200 g Crème fraîche
Salz, Pfeffer
500 g Zwiebeln, gedünstet
100 g geräucherter Speck
200 g Grieben
100 g süße Sahne

Den Brotteig ausrollen und ca. 15 Minuten kühlen. Die mittelfeste Butter in Stückchen in den gekühlten Teig drücken. Den Teig in der Mitte zusammenfalten, erneut ausrollen und nochmals zusammenfalten. 10 Minuten kühlen und dann auf Backblechgröße (ca. 40 x 35 cm) ausrollen. Mit einer Gabel in gleichmäßigem Abstand einstechen und auf das gefettete Blech legen.

Für den Belag Milch und Mondamin zu einem Pudding kochen. Nach ca. 10 Minuten Quark, Crème fraîche, Salz und Pfeffer hinzufügen. Die erkaltete Masse auf den Teig streichen. Die Hälfte des Bleches mit den gedünsteten Zwiebeln und Speckstreifen belegen, die andere Hälfte mit Grieben. Die beiden Hälften mit süßer Sahne bestreichen und sofort in den auf 250 °C vorgeheizten Backofen schieben. Etwa 15 Minuten backen.

Weinempfehlung

Für diesen badischen Kuchen gehe ich in den Keller und hole einen zauberhaften Spätburgunder von Martin Waßmer aus dem Markgräflerland herauf.

Sven Unterberger

„Ich bin Brotesser. Vor allem liebe ich ein kräftiges Bauernbrot, das frisch, duftend und noch mit Asche bemehlt aus dem Backhaus kommt."

Der Duft von frisch gebackenem Brot hat ihn durch seine Kindheit begleitet. Sven Unterberger wuchs im Dorf auf, strebte mit den Bauern zum Backhaus, um frische Salzkuchen oder knuspriges Brot aus erster Hand zu probieren. Die Atmosphäre hat er aufgesogen und „irgendwie ist mir das hängen geblieben". In Warmbronn stieß er auf ein mehr oder weniger verwaistes Backhaus. Die ersten Versuche misslangen, doch nach einem Backhaus-Backkurs waren die Grundlagen geschaffen: Krähle binden, Teig machen, einheizen. Von Bekannten bekam er Rebschnitt und Reisig. Und schnell stellte er fest: „Im Backhaus backen, das ist unheimlich gemütlich!" Zumal der Ingenieur ein „Brotesser" ist: „Unter der Woche komme ich nicht zum Kochen. Dann gibt es bei uns zum Beispiel Bauernbrot mit Bierschinken." Erst wenn das Wochenende kommt, wird der den Raum beherrschende Küchenblock angeworfen. Dann kocht Sven Unterberger große Menüs für Freunde und Verwandte.

Drei-Länder-Ecken von Sven Unterberger

Rezept für 2 Backbleche

Für den Teig:

20 g Hefe
250 ml Milch
500 g Mehl
100 g Butter
1 TL Salz

Für den Grundbelag:

200 g saure Sahne
2 Eier
Salz

Für die schwäbische Ecke:

½ Zwiebel
Schnittlauch
Kümmel
Butterflöckchen

Für die französische Ecke:

1 Birne
50 g Roquefort

Für die Schweizer Ecke:

1 kleine, am Vortag gekochte Kartoffel
50 g Speckwürfel
50 g Vacherin Mont-d'Or

Die Hefe mit der lauwarmen Milch glatt anrühren. Das Mehl in eine große Schüssel geben, eine Vertiefung in die Mitte drücken und die Hefe-Milch-Mischung hineingießen. Mit einem Tuch bedecken und mindestens 3 Stunden gehen lassen. Danach Butter und Salz hinzugeben und den Teig am besten in der Küchenmaschine glatt kneten lassen. Er sollte sich vollständig von der Schüssel lösen und matt glänzen. Den Teig nun gehen lassen, bis er sein Volumen verdoppelt hat.

Für ein Backblech die Hälfte des Teiges auswellen und auf das gefettete Blech legen. Die Ränder am Blech hochziehen und mit einer Gabel in gleichmäßigem Abstand Löcher in den Boden stechen. Mit der anderen Hälfte des Teiges ebenso verfahren.

Die Zutaten für den Grundbelag verquirlen und auf den Teigboden geben.

Für die schwäbische Ecke die Zwiebel in feine Ringe schneiden und den Schnittlauch in feine Röllchen. Beides auf einem Drittel des Teigs verteilen, Kümmel darüber streuen und mit Butterflöckchen garnieren.

Für die französische Ecke die Birne in feine Scheiben schneiden und so auf einem Drittel des Teigs auslegen, dass sie sich fächerförmig überlappen. Den Roquefort darüber krümeln.

Für die Schweizer Ecke die gekochte Kartoffel schälen und reiben. Auf das verbliebene Drittel des Teigs geben. Mit Speckwürfeln bestreuen und mit geriebenem Käse bedecken.

Die Drei-Länder-Ecken im vorgeheizten Backofen bei 200 °C 15–20 Minuten backen. An einem Salatbouquet servieren.

Weinempfehlung

Die „Ballade in Rot“ vom Weingut Doreas in Grunbach, der Dornfelder von Hermann Schmalzried in Korb und der „Samtrot“ vom Weingut Rienth in Fellbach – diese drei Weine verkörpern für mich die wunderbare Vielfalt meiner Weinheimat, dem Remstal. Hier, im „Garten Gottes“ vor den Toren Stuttgarts, lieben und leben die Wengerter ihre Arbeit – Tag für Tag. Und wir dürfen glücklich sein.

Werner Unterberger

„Eines Tages hatte ich plötzlich Lust auf einen selbstgebackenen Kuchen. Also habe ich angefangen zu backen – und es hat funktioniert!"

„Ich lebte damals allein und die Kuchen aus der Konditorei schmeckten mir nicht so richtig", erzählt Werner Unterberger. „Also habe ich angefangen zu backen – am liebsten saure Kuchen mit Rhabarber oder mit Äpfeln." Von da war der Weg nicht mehr weit bis zu einem weiteren eher würzigen Kuchen: dem Salzkuchen. In einem Heft der Kreissparkasse fand der Urbacher ein Rezept für Salzkuchen mit „Backsteinkäse", wie der Limburger in Schwaben heißt. Ungewöhnlich – aber schon der erste Versuch überzeugte ihn. Zumal Werner Unterberger kein Anfänger ist: Kochen kann er, seit er als junger Mann im Ausland Lust auf heimische Küche bekam. Davon profitieren heute u.a. seine ehemaligen Kollegen (die er schon mit Kartoffelschnitz und Spätzle beglückte), die Spieler vom Tennisclub Urbach (sie bekamen Wurstknöpfle) oder die Mannschaft auf dem Hausboot, das er mit Freunden mietet: Auf See ist Werner Unterberger als Smutje ganz in seinem Element.

Backsteinkäs-Kuchen von Werner Unterberger

Rezept für 1 Kuchen

Für den Teig:

250 g Mehl
125 g Butter
1 Ei
Salz, Pfeffer

Für den Belag:

4 Eigelb
500 g Backsteinkäse
1 TL Salz
4 Eiweiß
Schnittlauch

Das Mehl, Butter, Ei und 2 Prisen Salz zu einem Teig verkneten. Den Teig in Folie wickeln und im Kühlschrank 30 Minuten ruhen lassen. Dann in einer gefetteten Backform auslegen.

Für den Belag das Eigelb schaumig schlagen. Den Backsteinkäse und das Salz hinzugeben und alles zu einem Brei verrühren. Das Eiweiß zu Schnee schlagen und vorsichtig unterziehen. Auf dem Teig verteilen und ca. 45 Minuten bei 180 °C backen. Den Schnittlauch darüber streuen.

Weinempfehlung

Ich bleibe Jürgen Ellwanger immer verbunden und dankbar dafür, dass er die Zweigelt-Traube ins Remstal „geschmuggelt“ hat und hier seit vielen Jahren zur vollendeten Größe führt – mit den hochverdienten Erfolgen für sein Weingut in Winterbach.

Der unbeschreibliche Duft

Von Andreas Krohberger

Die kleinen Backhäuser mit ihren hohen Ziegelkaminen prägen noch immer das Erscheinungsbild vieler Dörfer im Schwäbischen. Aber nur noch selten steigt Rauch aus den Kaminen, nur selten lockt der verführerische Duft nach frischem Brot die Dorfbewohner aus den Stuben. Das Sterben der Backhäusle begann etwa in den 1960er Jahren, als längst schon jeder Haushalt seinen eigenen Backofen hatte und als Brot in jeder Bäckerei im Überfluss zu haben war. Sein Brot selbst zu backen entsprach nicht mehr dem Zeitgeist, es war auch nicht mehr wirtschaftlich. Der erhebliche Zeitaufwand für das Sammeln und Binden des Brennmaterials, für die Zubereitung des Teigs und das Anfeuern und Bedienen des Ofens stand in keinem Verhältnis zum Ertrag. Außerdem waren viele Backhäuser, die früher auf freien Plätzen standen, inzwischen von Wohngebäuden eingekreist. Wenn die Backgemeinschaft mal wieder dichten Rauch durch den Schornstein schob, blieb der Protest der Anwohner nicht aus. Die Häuser wurden geschlossen, verfielen, die Backgemeinschaften lösten sich auf. Und vielerorts verschwand das Wissen um den richtigen Umgang mit den steingemauerten Öfen.

Früher dagegen waren Backhäuser überlebensnotwendig. Brot war Grundnahrungsmittel und jede Familie buk ihr eigenes Brot. Doch Brennholz war knapp und die Glutschwaden aus den mit Reisig beheizten Öfen gefährdeten die Fachwerkhäuser. Daher erlies Herzog Carl Eugen von Württemberg 1785 eine Verfügung zum Bau von gemauerten Backhäusern. Eine Verfügung, die beim Volk auf wenig Gegenliebe stieß: Niemand wollte gerne den Nachbarn einen Blick auf das eigene Backwerk erlauben. Umgesetzt wurde des

Herzogs Idee deshalb erst ab 1806, als das Land mit Friedrich I. einen König bekam, der den Bau per Generalverordnung durchsetzte. Bald wurden die Vorteile des gemeinsamen Backens erkannt und alle trugen ihren Teig zum Gemeindebackofen. Wer wann backen durfte, wurde vorher ausgelost und per Anschlag bekannt gegeben. Der Sauerteig wurde zu Hause zubereitet, zu Laiben geformt und zugedeckt mit einem Tuch auf dem Leiterwagen zum Backhäusle gefahren. Damals wie heute stoßen die Frauen eine bestimmte Anzahl kleiner Stöckchen in die Teiglinge, damit jede nach dem Backen auch wieder ihr eigenes Brot bekommt. Kurz bevor die Laibe fertig sind, werden sie feucht abgewischt und wieder hineingeschoben: Das sorgt für den schimmernden Glanz auf der Rinde. Auch Sonntagskuchen, Weihnachssgutsle oder Schnitzbrot trug man zum Backhäusle.

Die regelmäßigen Backtage boten auch Gelegenheit, Neuigkeiten auszutauschen: Rund ums Backhäusle blühte der Dorfklatsch. Trafen sich die Frauen früher im Waschhaus oder am Milchhäusle, so hatten sie nun einen neuen Ort der Geselligkeit, der außerdem noch mit seinem Duft das halbe Dorf anzog. Wo steht eine Hochzeit an? Wo geht der Kinderwunsch in Erfüllung? Wo kriselt's in der Ehe? Was für die Männer der (fürs weibliche Geschlecht verbotene) Stammtisch war, war für die Frauen das Backhaus und der Backhaustratsch.

Ofenbauer waren seit dem Mittelalter eine geachtete Zunft. Die Öfen wurden mit Ziegelsteinen, später mit speziellen, feuerfesten Gesteinen wie Trachyten, vulkanischem Tuff oder Schlackenagglomeraten ausgemauert. Die meisten Backhäuser haben ein beachtliches Alter auf dem Buckel, doch wenn sie gepflegt werden, funktionieren sie immer noch. Zum Feuern nimmt man Reisigbündel. Zweige vom Obstbaumschnitt sowie von Nadel- oder Rebholz werden zu Bündeln, im Schwäbischen „Krähle" genannt, gebunden und zwei Jahre lang getrocknet. Nadel- und Rebholz sorgt für ein schnelles, heißes Feuer, ideal für Salzkuchen. Obstbaumholz

bringt eine länger andauernde Hitze und eigenen sich daher besser zum Brotbacken. Für einen Backvorgang werden je nach Größe des Ofens sechs bis zehn „Krähle" benötigt.

Die heutigen Backgemeinschaften bestehen meist aus traditionsverbundenen Frauen, die den besonderen Geschmack ihrer im Holzbackofen hergestellten Brote lieben. Wenn Männer überhaupt beteiligt sind, dürfen sie vielleicht das Holz anfahren oder das Feuer anzünden. Ansonsten aber ist Backen Frauensache. Selbst das Sammeln und Binden von Reisig erledigen die Frauen: „Männer bücken sich nicht so gerne!", heißt es spöttisch im Backhaus. Weil die Arbeit mit dem Holzbackofen aufwendig ist, wird ein ganzes Team gebraucht. Jede der beteiligten Frauen hat ihre eigene Aufgabe. Nach einer Stunde ist der Ofen bereit. Dann werden meistens Glut und Asche aus dem Ofen geschoben, die Hitze geht nur noch von den Steinen aus. Zumeist vor dem Brot, in manchen Gegenden aber auch danach, wird der Salzkuchen gebacken. Er ist in fünf bis zehn Minuten fertig. Die Temperaturen sind Erfahrungswerte, variieren je nach Ofen und werden oft nur geschätzt. Bei rund 250 bis 300 °C wird das Brot eingeschossen und direkt auf dem Steinboden des Ofens gebacken. Den Umgang mit den langen hölzernen Schiebern beherrscht nicht jede Frau.

Den überlebenden Backhausgemeinschaften fehlt es an Nachwuchs. Zwar mögen viele das knusprige, herrlich duftende Brot, doch der Aufwand ist den meisten zu viel. Dafür steigt in den Bäckereien die Nachfrage nach Broten aus dem Holzbackofen. In den letzten Jahren besinnt man sich vielerorts wieder auf das gemeinsame Backen. Die Öfen werden mit Rauchgas-Brennern ausgerüstet, um die Nachbarschaft zu schonen. Manche Backhäuser dienen auch touristischen Zwecken. Im Remstal gibt es sogar einen fahrbaren Holzbackofen, „Feuriger Elias" genannt. Backhausfeste werden ins Leben gerufen, um das Vereinskässle zu füllen. Immer vorausgesetzt, es gibt noch wenigstens eine erfahrene Frau im Ort, die den alten Ofen bedienen kann.

27

„Was für die Männer der (fürs weibliche Geschlecht verbotene) Stammtisch war, war für die Frauen das Backhaus und der Backhaustratsch.“

Andreas Krohberger

Gottlobs große Kunst der Teigruhe

Von Rainer Friedrich

In einer Zeit, als die Hefe knapp und teuer war, erfand Gottlob Maurer unbewusst die Kunst der Teigruhe. Aus der Not heraus ließ er seine Teige sehr lange reifen, um Hefe zu sparen. Damals verbesserte Gottlob Maurer – er hat am 1. Januar 1900 das Licht der Welt erblickt – unwissentlich gleichzeitig die Teigeigenschaften und somit die Qualität der Backwaren seiner Bäckerei, die er im Jahr 1931 gründete.

„Aus der damaligen Not ist bei uns eine Tugend geworden", sagt Tobias Maurer, Geschäftsführer der Bäckerei Werner Maurer. Seit 80 Jahren ist die ganzen Familie Maurer dem traditionellen Backhandwerk treu geblieben. Heute ist Hefe kein knapper Rohstoff mehr. „Dennoch", so bezeugt Tobias Maurer, „arbeiten wir mit der Teigruhe wie damals unser Opa Gottlob."

Die Liebe zur handwerklichen Backtradition ist in der Familie Maurer tief und fest verwurzelt. Daran möchte Tobias Maurer auch gar nichts ändern. Die Familie Maurer ist und bleibt der Backhandwerkskunst verpflichtet. „Wir nehmen das wörtlich: Durch die Handarbeit unserer Bäcker wird unser Brotteig schonend und behutsam gewogen und geformt. Das handwerkliche Fingerspitzengefühl und die Freude am Backen sind für uns die wichtigsten Grundvoraussetzungen für liebevoll gebackene Brote und Kuchen", macht Tobias Maurer deutlich. Und er ergänzt: „Wir gründen auf Opa Gottlobs Schaffen, seinem Können und nicht selten auch seinen Rezepten. Aber wir sind natürlich immer auch offen für neue Entwicklungen und der Zukunft zugewandt – mit umweltschonenden Konzepten, mit nachhaltigen Bemühungen, mit hochwertigen Produkten, mit ehrlichen Werten und mit festen Wurzeln im Rems-Murr-Kreis."

Salzkuchen von Tobias Maurer

Rezept für 1 Kuchen

Für den Teig:

1 kg Weizenmehl Type 550
500 g Butter
1 Prise Salz
ca. 250 ml Wasser

Für den Belag:

300 g saure Sahne
100 g süße Sahne
3 Eigelb
etwas Quellsalz
etwas Schnittlauch
Kümmel

Für den Teig Mehl, Butter und Salz gut miteinander verreiben. Nach und nach das Wasser zugeben und alles vorsichtig vermischen. Den fertigen Teig ungefähr 1 Stunde abgedeckt im Kühlschrank ruhen lassen. Danach ausrollen, in eine leicht gefettete Kuchenform legen und mehrmals mit der Gabel einstechen.

Für den Salzkuchenguss in einer Schüssel saure Sahne, süße Sahne, Eigelb und je nach Geschmack etwas Salz mit dem Schneebesen verquirlen. Diese Mischung auf dem Teigboden verteilen. Mit Schnittlauch und nach Belieben auch mit Kümmel bestreuen.

Den Salzkuchen dann im vorgeheizten Backofen bei 200 °C etwa 30 Minuten backen. Wenn die Oberfläche schön goldgelb glänzt, ist er fertig. Am besten lauwarm servieren.

Weinempfehlung

Eigentlich bin ich ein richtiger Riesling-Fan. Aber bei diesem Sauvignon Blanc vom jungen Weingut Maier in Schwaikheim mache ich gerne eine Ausnahme. Zauberhaft und unwiderstehlich.

Salzkuchen
1,75 €

Zwiebelkuchen von Tobias Maurer

Rezept für 1 Kuchen
Teig wie für Salzkuchen (S. 82)

Für den Belag:
1 kg Zwiebel
Fett
50 g Speckwürfel
125 g saure Sahne
125 g Schmand
3 Eier
25 g Mehl
1 Prise Quellsalz
frischer Schnittlauch, Kümmel

Die Zwiebeln schälen und in feine Würfel (ca. 5 x 5 mm) schneiden. Diese in Fett andünsten, bis sie glasig und weich sind. Sie sollen nicht braun werden. Die Speckwürfel dazugeben und leicht anbraten. Die Mischung vom Herd nehmen und etwas abkühlen lassen.

Saure Sahne, Schmand, Eier, Mehl und Salz gut verrühren. Mit der Speck-Zwiebel-Mischung vermengen und die Masse auf den Teigboden geben. Etwas frischen Schnittlauch und Kümmel je nach Geschmack darüber streuen.

Im vorgeheizten Backofen bei 200 °C etwa 45 Minuten backen. Den Zwiebelkuchen herausnehmen, wenn die Oberfläche schön goldgelb glänzt, und am besten noch lauwarm servieren.

Weinempfehlung
Der Pinot Noir vom Weingut Markus Heid in Fellbach ist richtig spannend mit seiner feinen Harmonie. „Wie der Herr, so's Gscherr" sagt man doch.

Rahmkuchen.

Schwäbischer Schinken-Lauchkuchen

von Tobias Maurer

Rezept für 1 Kuchen

Teig wie für Salzkuchen (S. 82)

Für den Belag:

200 g Lauchringe
200 g Paprikastreifen
400 g gekochter Schinken, gewürfelt (6 x 6 mm)
200 g Edamer, gerieben
250 g saure Sahne
200 g süße Sahne
200 g Frischmilch
5 Eier
50 g Mehl
10 g Quellsalz
Muskat, Pfeffer, Paprika

Den Lauch waschen und in gleichmäßige Ringe schneiden. Die Paprika waschen, entkernen und in länglichen Streifen schneiden.

Die Schinkenwürfel, den geriebenen Käse, die Lauchringe und die Paprikastreifen vermengen. So auf dem Teig verteilen, dass der ganze Boden bedeckt ist.

Saure Sahne, süße Sahne, Frischmilch, Eier, Mehl und Quellsalz gut miteinander verquirlen. Je nach Geschmack leicht mit Muskat, Pfeffer und Paprika würzen. Die Mischung über den Belag geben.

Den Schinken-Lauchkuchen im vorgeheizten Backofen bei 210 °C fallend auf 180 °C ungefähr 55 Minuten backen. Am besten noch lauwarm servieren.

Weinempfehlung

Die Gefahr ist groß: Wer eine Flasche Riesling <S> von den Fellbacher Weingärtnern aufmacht, bleibt nicht allein – er muss gerecht teilen.

Mit Weinverstand und Leidenschaft

Von Andreas Krohberger

„Es gibt drei Arten, Wein zu verkaufen“, sagt Fritz-Ulrich Aupperle. „Man kann ihn ins Regal stellen und warten, ob ein Kunde zugreift. Man kann ihn zu Billigpreisen verschleudern. Und man kann den Kunden intensiv beraten. Das letztere ist meine Art!“

Der ausgewiesene Weinkenner ist für das vinologische Sortiment seiner Supermärkte mehrfach prämiert worden. Wein ist das Aushängeschild seiner Märkte und Wein begleitet ihn durch sein Leben. Schon früh beschloss der Einzelhändler, Wein zu seinem Schwerpunkt zu machen und dabei den Genossenschaften und kleinen Winzern angemessene Preise zu bieten.

Fritz-Ulrich Aupperle kooperiert mit mehr als 50 regionalen Erzeugern. Seine hohen Ansprüche an Qualität, Nachhaltigkeit und Regionalität, an soziale und ökologische Verantwortung vertritt er nachdrücklich auch in seiner Rolle als Aufsichtsrat der REWE Zentral AG und als Vorstand der REWE Südwest.

„Sowohl der Winzer wie der Kunde müssen sich auf mich verlassen können“, beschreibt er seine Rolle als Mittler. „Und die Wertschöpfung muss in der Region bleiben.“ Bodenständig will er bleiben, aber auch neue Konzepte vorantreiben und so einen Beitrag zum Erfolg seiner Heimat leisten.

Fritz-Ulrich Aupperle ist zutiefst davon überzeugt, dass nur durch ein gemeinsames Handeln von Winzern und Einzelhändlern das klare Profil des Remstals und seiner Weine geschärft werden kann: „Nur wenn wir die Zukunft mit Leidenschaft gemeinsam angehen, brauchen wir uns vor der großen Flut ausländischer Billigweine überhaupt nicht zu fürchten!“

REWE

VDP

Weinauslese

Von Fritz-Ulrich Aupperle

„Felix" Lemberger, Weingut Rainer Wachstetter, Pfaffenhofen
Untertürkheimer Gips Riesling**, Weingut Gerhard Aldinger, Fellbach
„Fusion" Rotwein-Cuvée, Weingut Wolfgang Klopfer, Weinstadt-Großheppach
Weißwein-Cuvée WEISS, Weingut Jochen Beurer, Kernen im Remstal
Spätburgunder „Junge Reben", Weingut Rainer Schnaitmann, Fellbach
Gutswein Lemberger, Weingut Bernhard Ellwanger, Weinstadt-Großheppach
Blanc de Noir, Weingut Werner Kuhnle, Strümpfelbach
Acolon, Remstalkellerei, Weinstadt-Beutelsbach
Justinus K., Weingut Karl Haidle, Kernen im Remstal
Lemberger Rosé, Fellbacher Weingärtner, Fellbach
Spätburgunder, Weingut Martin Waßmer, Bad Krozingen-Schlatt
Ballade in Rot, Weingut Doreas, Remshalden-Grunbach
Dornfelder, Weingut Hermann Schmalzried, Korb
Samtrot Kabinett halbtrocken, Weingut Rienth, Fellbach
Zweigelt, Weingut Jürgen Ellwanger, Winterbach
Sauvignon Blanc, Weingut Lothar und Rose Maier, Schwaikheim
Pinot Noir, Weingut Markus Heid, Fellbach
Riesling <S> trocken, Fellbacher Weingärtner, Fellbach

Heimat erstrahlt in einem neuen Glanz

Von Andreas Braun

Heimat hat nicht nur eine ganz konkrete Bedeutung, aufs jeweilige Individuum bezogen. Heimat führt uns zurück auf Familie und Geburt. Heimat ist indes auch eine Chiffre für Herkunft und Sehnsucht, für Vertrauen und Rückhalt, für Geborgenheit wie Flucht. In Zeiten der Globalisierung orientieren sich viele Menschen wieder allzu gerne an überschaubaren Räumen und Zusammenhängen. Heimat und Nachbarschaft erstrahlen so nicht selten in einem neuen Glanz.

Einst sind die Deutschen, die sich selbst nicht ohne Stolz als Reiseweltmeister bezeichnen, hinausgeströmt an ferne Gestade oder in exotischen Regionen, um dort unerhörte Entdeckungen zu machen – Entdeckungen von schöner Landschaft und herrlichen, schmackhaften Produkten.

Warum dieser Umweg notwendig war, dafür gibt es sicher vielfältige Erklärungen, gesellschaftliche, psychologische, ökonomische und andere mehr. In jedem Fall haben die Fernreisenden mittlerweile das Naheliegende und den Kurztripp in die Heimat entdeckt. Und auch die Genießer haben dazu gelernt.

Man muss es nicht kritisch, man kann es positiv sehen: Mit geschärften Sinnen nehmen wir heute wahr, wie reich unsere Kulturlandschaft gesegnet ist, was für aromatische Produkte sie hervorbringt, wie kreativ und mannigfaltig unsere Küche ist, die einst wie anderswo auch zuallererst eine Arme-Leute-Küche gewesen ist. Und wir beginnen zu begreifen, was zu tun ist, damit diese Landschaft erhalten bleibt. Ob Streuobstwiesen oder Weideflächen, ob steile Weinberglagen oder natürliche Bachläufe – die Landschaft zu schätzen, die Natur zu schützen und die Erzeugnisse zu genießen, das ist eins.

Impressum

Herausgeber
Remstal-Akademie
für Essen und Wein

Konzeption
Rainer Knubben

Redaktion
Andreas Krohberger
Nicole Scherbel

Fotos
Rainer Kwiotek
Richard Lenz (S. 12/13, 70/71, 72, 75, 77, 79, 93, 94/95)
Lars Ullmann (S. 64)

Gestaltung
stilgruppe | Büro für visuelle Gestaltung, Kleinmachnow

Repro
highlevel GmbH, Berlin

Druck und Weiterverarbeitung
Dr. Cantz'sche Druckerei, Ostfildern

ISBN 978-3-942561-17-4
Printed in Germany, 2012

Kunst und Kulinaristik
Verlag GmbH, Remshalden
in Partnerschaft mit
Hampp Media GmbH, Stuttgart

Informationen über weitere Bücher des Verlags und der edition k – Kunst und Lebenskultur erhalten Sie unter www.hamppverlag.de und www.rainerknubben.com